Biografía

MW01248524

Lorena Barradas Moctezuma nació, el 29 de junio de 1963 en la ciudad de Xalapa Veracruz, estudió la licenciatura en derecho, en administración de empresas y relaciones internacionales, la maestría en la investigación de la educación superior, el doctorado en educación y en derecho, así como ha asistido a diplomados, cursos y especialidades en calidad de ponente y asistente. Cuenta con una experiencia de más de 30 años en el ejercicio de su profesión como licenciado en derecho y como maestra de tiempo completo en el nivel medio superior y superior en el estado de Veracruz, así como también es catedrática en universidades de prestigio, en maestrías y doctorados dentro y fuera del país.

Índice

Prologo

Lorena Barradas Moctezuma es una destacada abogada, maestra, mujer emprendedora y madre.

En el ejercicio de la abogacía se ha distinguido por su profesionalismo y responsabilidad, como maestra ha sido una inconforme con lo que considera injusto y se ha significado por su postura enérgica ante la falsedad.

Toda esa experiencia la vuelca ahora en la importante obra que brevemente describiré.

Lorena Barradas Moctezuma, inicia su vida intelectual con una formidable obra titulada "Mi hijo y el amor responsable" (acciones y resultados) integrado de siete capítulos donde el eje modal se integra por dos elementos fundamentales, el amor y la responsabilidad, los cuales van proyectándose en diferentes áreas; la familia, las redes sociales, en la educación, en el tiempo y frente a sí mismo.

Hoy en día, que vivimos un consumismo exagerado, propio del proceso de globalización para quien solo contamos si somos consumidores, clientes de las grandes corporaciones o negocios, el mensaje que se transmite a través del libro resulta importante para reflexionar sobre valores que muchas veces ignoramos, desechamos, tomando un camino equivocado que al final de la vida solo producirá arrepentimiento y tristeza.

Así, como lo indique, la obra se integra de siete capítulos. El primer capítulo titulado "La familia y el amor responsable como eje rector de la regulación de conducta de nuestro hijo", rebela una madre responsable como eje de la familia, que, si bien profesa un infinito amor por sus hijos, no por ello permite conductas indebidas que afecten la formación de los jóvenes.

El capítulo segundo se refiere a los hijos y los valores que deberán permear su desarrollo mostrándoles lo importante de actuar individual y socialmente de manera responsable.

Más adelante en el capítulo tercero incorpora la conducta responsable al uso de las redes sociales, tecnología que con tanta libertad permite cualquier comunicación o facilidad de consulta para la obtención de conocimiento no siempre adecuado.

Es indudable que la educación constituye el elemento más importante en la formación y desarrollo de las personas y cuando traspasa las fronteras para alcanzar nuevos e innovadores conocimientos en innegable que ello permitirá la creación de metas trascendentes.

Toda educación en cualquier nivel, desde primaria, secundaria, preparatoria, profesional, de especialización, doctorado, entre otras, requiere una razonada planeación integrada por planes y programas de estudio actualizados y que respondan a los requerimientos actuales de la sociedad, este es el tema del capítulo quinto del libro a comentario.

No fácil, ni sencillo el tema del capítulo sexto que trata el enfrentarse a sí mismo, con sinceridad, a fin de conocernos en nuestra integridad y peor aun cuando hay ausencia de un afecto que de alguna manera nos oriente en la vida.

Finalmente, una de las reflexiones más importantes de la obra es la referida al tiempo, al tiempo que dedicamos a nuestros seres queridos y que se ve acortado por la necesidad de trabajar. De nada sirve reclamar después tiempo si cuando debimos darlo, no lo hicimos, de nada tanto las lamentaciones posteriores si cuando pidieron nuestra compañía solo pronunciamos "después", "otro día" porque "hoy no tengo tiempo".

La obra constituye un documento muy importante a la par que interesante para las madres y los padres, principalmente a los noveles que presionados por proveer o lograr metas materiales se alejan de lo más valioso que son los hijos queridos que necesitan para ser felices y para saber conducirse en la vida, del tiempo, del amor y del consejo de sus progenitores.

Hago votos por el éxito de esta obra y me permito recomendarla ampliamente y felicitar a la autora, la distinguida Lorena Barradas Moctezuma.

Dr. José L. Álvarez Montero

Prologo

La lectura previa de esta obra: **"Mi hijo y el amor responsable"** me provoca una agradable sorpresa y emotivas sensaciones de nostalgia, cariño y admiración.

Lo anterior, seguramente es así porque conocí a la autora desde su adolescencia a quien recuerdo notablemente vivaz, responsable, inteligente y preocupada por el desarrollo de su ya evidente y aventajada expresión verbal, lo que consecuentemente y, en breve tiempo, la convirtieron en una campeona de la oratoria y, después, en una destacada abogada, con la vocación por la docencia en sus venas.

No me son extrañas pues, la sensibilidad, competencia profesional y experiencia de Lorena Barradas Moctezuma que se perciben en el contenido de esta obra en la que ella aporta muchísimos de sus atributos personales, así como de su experiencia por los amplios caminos de la vida, con el ingrediente que deviene del ejercicio de su profesión jurídica, de la docencia y, especialmente de sus privilegiados roles como hija, hermana y madre, lo que le permite mostrar su aprendizaje de la naturaleza humana y de los valores fundamentales que deben o debieran regir a la humanidad e, indudablemente, estar presentes en el seno familiar cotidiano.

La temática que se aborda es actual y está centrada en algo que a veces parecemos olvidar los padres: llenar de amor con responsabilidad a nuestros hijos para hacerlos seres humanos útiles, felices y exitosos. Nadie es perfecto, pero otro sería este mundo, si así lo hiciéramos.

Estoy seguro de que esta obra generará en sus lectores una útil reflexión sobre la relación padres-hijos, a veces desplazada por lo urgente de la veloz y compleja vida de nuestro tiempo.

Lic. Julio Muñoz Díaz

Dedicatoria.

Dedico esta obra a mi hijo ***Mario Diego Rodríguez Barradas*** por ser fuente de inspiración al escribir este libro de auto ayuda, ya que sin las experiencias que hemos vivido juntos sería imposible haberlo realizado. Gracias hijo por ayudarme a aprender a construir y a conocer el Amor Responsable a tu lado.

Capítulo I

La familia y la regulación de conducta

La familia y el amor responsable como eje rector en la regulación de conducta de nuestros hijos

Entendemos por la familia al grupo formado por padre, madre e hijos. Sin embargo, debemos destacar que cada vez son más las familias conformadas por miembros de las más diversas índoles, como por ejemplo los hogares monoparentales, en los que conviven solo la madre o el padre con sus hijos, o aquellos en los que a los tíos o a los abuelos les ha tocado hacerse cargo de los más pequeños, producto del fallecimiento de alguno de los principales actores de la familia, o bien como resultado de situaciones económicas ceñidas o de ámbitos sociales críticos.

En este capítulo hablaremos del amor, ese sentimiento sublime y altruista que nos lleva a sentir un profundo y desinteresado afecto por los demás. Dicho sentimiento provoca emociones que se traducen en un estímulo que impulsa nuestro comportamiento hacia la protección, los cuidados y la buena comunicación hacia quienes amamos. Sin embargo, también nos incita a tomar decisiones que, en muchas oportunidades, distan mucho de ser racionales, ya que pertenecen a la esfera emocional.

El término responsable, por su parte, significa que se es consciente de las obligaciones que uno tiene y, por ende, se actúa en consecuencia. Por lo tanto, en la familia sus integrantes deben interactuar no solo para darle a sus hijos respuestas satisfactorias, es decir, aquellas que necesitan escuchar para lograr sus propósitos en la vida, sino también para convertirse en esa dupla de padres en las que uno es el benevolente (el que autoriza) y el otro es el malo, el "villano," (el que no autoriza) que no comprende a sus hijos, ya que se niega a permitirles lo que le solicitan. Las conductas anteriores suceden cuando el matrimonio, o quien ejerce la custodia a falta de los padres o de uno de ellos, se carecen de los argumentos necesarios para poder sostener la afirmación o negación que les son transferidas a los hijos.

La responsabilidad de los actores principales de la familia es fortísima toda vez que debe sostenerse su papel para mantener un estatus aceptable no solo en ella, sino que también dentro de la sociedad en la que les ha tocado nacer y, por consiguiente, merecen vivir con plenitud, ya que la familia es la célula fundamental de la sociedad donde cada persona asume su papel y su rol social. Esta situación le permite al individuo adquirir un estatus que le favorecerá cuando de ser aceptado en el núcleo social en el que se desarrolla se trata, con lo cual se evitará transitar el camino del doloroso proceso de estigmatización, el cual se convierte en una verdadera lápida aunada, lo se conoce como el ejercicio de la práctica del rumor.

Es tal la importancia de insertarse de manera efectiva dentro del grupo social donde habitas, que ello aumenta la credibilidad que debe tenerse dentro de la familia. Nosotros, como padres, debemos autorizar o desautorizar a nuestros hijos con responsabilidad plena. Eso implica hacerlo con seguridad, con honestidad y con la certeza de que estamos haciendo lo mejor por nuestros hijos. En este proceso no hay cabida para competir por ser más bondadoso que el otro, ya que la bondad significa darles a nuestros hijos las herramientas para construir su futuro, lo cual solo se logra inculcándoles la constancia y la autodisciplina de forma metódica y, por supuesto, sabiendo decir y mantener el "no."

La conducta es el actuar de un sujeto o de un animal frente a determinados estímulos internos o externos.

Debemos recordar que, para la psicología, la conducta humana refleja todo lo que hacemos, decimos y pensamos. Lo cual indica de forma prioritaria una acción.

El eje rector es el que impulsa al sujeto en la toma de decisiones para el logro de sus metas u objetivos. Además de ello, garantiza la certeza de que aquellos a quienes más amamos: nuestros hijos, alcancen logros significativos en la vida cotidiana.

El amor responsable es estar seguro de que el sí o el no que les demos a nuestros hijos como respuesta, es circunstancial para el fortalecimiento pleno en su proceso de toma de decisiones.

Es por ello que nos atrevemos a indicar que la familia y el amor responsable como eje rector en la regulación de la conducta de nuestros hijos, es de vital importancia, porque no es indicativo de amar más a un hijo el hecho de decirle sí a todo lo que quiera. Muy al contrario de ello, la prueba de que lo amamos de forma inmejorable es cuando ubicamos un no oportuno o un sí impregnado de fundamentos debidamente acordados entre los actores principales de la familia: papá y mamá, o quien tenga la custodia de los niños o adolescentes cuando falta uno o ambos progenitores.

Se concluye en este capítulo que el amor responsable es un amor verdadero que se nutre día a día con el fortalecimiento pleno de nuestros hijos en su respectiva toma de decisiones. Con esto logramos que se conviertan en personas críticas, analíticas, participativas y creativas, lo cual los llevará a ser los forjadores de su propio destino o realidad en el lugar en el que les haya tocado nacer y vivir con plenitud dentro de un seno familiar creado con cimientos sólidos. De esta forma, estaremos evitando la contaminación de la que nuestros amados hijos podrían ser víctimas si caen en las redes de tratar de imitar conductas no empáticas con su entorno social, donde ellos tienen un papel, un rol y un estatus social, que no son otra cosa que el grado de estima o desestima en el que los ubica la sociedad misma.

Cuando el contexto social analiza el comportamiento de nuestros hijos, lo califica en forma positiva o negativa. Si la calificación resultara ser negativa, nuestro amado hijo estaría pisando la antesala de la estigmatización social, lo cual conllevaría a la degradación de nuestro hijo ante los ojos de los demás.

Es posible que nuestros hijos se molesten cuando, haciendo pleno uso del amor responsable, les impidamos hacer las acciones que su infantil inocencia o su arrebato adolescente lo lleven a querer desarrollar. Es totalmente normal, y esperable, que en el momento no lo comprendan, lo cual derivará en que se sientan molestos, incluso hasta enojados, pero si los actores principales de la familia trabajamos de forma adecuada, asumiendo nuestro papel clave y nuestro rol social, alcanzaremos una óptima conducción de la vida familiar. La clave yace en llevar a cabo un trabajo en equipo o colaborativo que nos permita actuar con seguridad, ya sea en forma conjunta o separada, con lo cual lograremos excelentes resultados que les brindarán certeza y seguridad a nuestros hijos en su vida cotidiana.

Nuestros hijos deben asumir que nos comunicamos con ellos teniendo como estandarte acciones objetivas impregnadas de verdad, las cuales son acordes a la realidad de nuestro tiempo y aplicables a su aquí y ahora.

Por otra parte, en la sana y amorosa convivencia con nuestros hijos, no debemos permitir que terceras personas intervengan en decisiones que incumben directa y únicamente a los protagonistas y a sus hijos, ya que esto solo empantanaría y distorsionaría la sana convivencia, lo cual desvirtuaría las acciones responsables que implementemos para lograr una comunicación efectiva con nuestros hijos a efectos de aprender a construir de manera conjunta una vida familiar digna, con un equilibrio emocional de tal suerte, que nos permita impedir un desequilibrio familiar por la disociación de ideas.

Concluimos este capítulo afirmando que el amor responsable dentro de la familia, como eje rector en la convivencia dentro de la célula fundamental, tanto dentro de la familia como fuera de ella, es lo más adecuado para establecer una sana convivencia en todos los ámbitos. Esto se debe a que nuestros hijos estarán formados con los ingredientes necesarios para ser hombres y mujeres de éxito en todos los ámbitos de su vida: familiar, profesional y laboral. Recordemos que debemos coadyuvar con los nuestros para lograr una sociedad justa. Con esto estaremos logrando la equidad en todos los sentidos en los que esta se oponga tajantemente a la discriminación social, lo cual lleva al establecimiento de una sociedad clasista que impide el desarrollo pleno de sus integrantes. El secreto del éxito del amor responsable es lograr un acuerdo de voluntades entre padres e hijos. Aunque *a priori* parezca difícil, es sencillo si se da la mediación. Además de ello, será necesario suprimir los permisos inadecuados que se establecieron como premios cuando nuestros hijos realizan actividades que son su responsabilidad, pero que, por abordar el tema de una forma distorsionada, consideran que, por el mero hecho de dedicarles tiempo a realizarlas, merecen que se les conceda todo lo que desean o, en otras palabras, se sienten merecedores de todo a cambio de realizar tareas en el hogar o de hacer sus tareas escolares. Si nosotros los estimulamos a que continúen albergando dicha forma de pensar, estaremos adentrándonos en el camino equivocado. Por otra parte, cuando pretendemos concederles lo que nosotros no tuvimos, estamos rompiendo con el amor responsable, ya que ellos deberán aprender a ganárselo por ellos mismos. Solo así lograrán concederles un valor real a las cosas materiales, ya que entenderás que el obtenerlas se traduce en su bienestar.

El amor responsable es un amor verdadero, apegado estrictamente a la realidad y a nuestro compromiso como formadores de nuevas generaciones. La familia es una institución, es lo que siempre queda cuando lo demás se va. Cuando dentro de la protección del núcleo familiar nuestros hijos pueden expresarse libre y responsablemente, se logra un estado de confort que genera felicidad infinita, ya que, si como eje rector se tiene al amor responsable que, se traduce en un amor incondicional hacia nuestros hijos, se logra conocer y poner en práctica el verdadero rol de los padres.

La felicidad no depende del tamaño ni de la elegancia de nuestro hogar, sino del amor que se respira dentro de la amorosa protección de nuestra familia. El comer bien, el vestir bien y el tenerlo todo, no hacen más feliz a nuestro hijo, sino que es un beso, un fuerte abrazo, un "te quiero," una sonrisa y una actitud positiva lo que hace crecer en su interior el bienestar que lleva a la auténtica felicidad. No obstante, más allá de ello, lo que los hace inmensamente felices es la calidad de tiempo que compartamos con ellos, y a ello se lo denomina AMOR RESPONSABLE.

"Quiero empezar de nuevo, pero conmigo, darme todo el amor posible, arreglar las cosas que me duelen. Olvidar lo que se intentó y no se pudo, dejar ir todo lo negativo y emplearme en lo positivo, aprender a ser estable, cerrar ciclos, pero lo más importante, ser feliz."

(Antoine de Saint-Exupéry)

Capítulo II

Los valores y el amor responsable

Nuestros hijos, los valores y el amor responsable

"La educación es el arma más poderosa que puedes usar para cambiar el mundo."

(Nelson Mandela)

Nuestros hijos son, al igual que sus padres, personas. Los valores se conocen como el conjunto de normas de aplicación general y de observancia no obligatoria, íntimamente relacionados con las costumbres que les son transmitidas por la sociedad, representando la forma correcta de actuar, ya que permiten diferenciar entre lo bueno y lo malo, lo correcto y lo incorrecto y   lo justo y lo injusto. El amor responsable, o verdadero. es exigente, ya que comprende y respeta al otro, no tiene egoísmo ni comodidad, sino que existe para exigir, para orientar y para educar.

Los padres debemos impulsar a nuestros hijos a que, en vez de que meramente emitan sus opiniones, tengan el poder de actuar libre y espontáneamente, para así ser artífices de su presente y arquitectos de su futuro. Tenemos la responsabilidad de construir la familia en forma colaborativa. De esta forma, estaremos desalentando a la agresividad, a la violencia, entendiendo por tal a la violencia familiar, a la violencia psicológica, a las lesiones, a los homicidios, a los feminicidios y, en los casos más extremos, a los suicidios de niños y jóvenes que deciden privarse de la vida a causa de la incomprensión familiar.

Si les negamos nuestra comprensión, nuestro amor y nuestra protección, nuestros hijos se vuelven presa fácil de las adicciones. Estas los ayudan a evadirse de su realidad. Los jóvenes son inmensamente vulnerables a la conducta de imitación: imitan la forma de hablar, de ser y de vestir, de aquellos grupos a los que desean pertenecer. Lamentablemente, las conductas que suelen imitar, aquellas que llaman la atención de los adolescentes que no reciben de forma correcta y efectiva el amor responsable por parte de sus padres, carecen de la empatía necesaria para con su contexto social. Si todo ello se eslabona, nos encontramos frente a la imperiosa necesidad de inculcar valores a nuestros hijos; hablamos de la honestidad, del respeto, de la gratitud, de la lealtad, de la tolerancia, de la solidaridad, de la generosidad, de la amistad, de la bondad y de la humildad. Estos valores son los que nos permiten actuar de una forma u otra y asumir de manera crítica y respetuosa nuestras conductas positivas o negativas, aceptando sus consecuencias.

Es importante tener perfectamente claro que los principios de la integridad moral y ética son inmutables. Tenemos el compromiso de asumir al amor como un sentimiento de desprendimiento, de bondad y de dedicación. Cuando tenemos hijos con problemas, amarlos es un gran reto, pero lograrlo es perfectamente posible, y no solo eso, es llegar a la cima del amor más altruista que podamos llegar a albergar en nuestro corazón.

Debemos tomar en cuenta que el amor que profesamos a nuestros hijos debe estar antes que la exigencia que hacemos recaer sobre ellos. Esto se debe a que, para lograr el éxito en el proyecto de vida familiar, es necesario que primero establezcamos el acuerdo de voluntades sin perder de vista que nuestra autoridad debe ser valorada. No debemos buscar culpables para justificar nuestros desaciertos, sino que siempre debemos adoptar una postura positiva. Los integrantes de la familia debemos conocernos y autoayudarnos. La forma de hacerlo es sembrando valores humanos en nuestros hijos para que ellos asuman que en el camino de sus vidas se encontrarán con desafíos que los pondrán en una encrucijada. En determinado momento, tendrán que decidir y, si hemos sido exitosos en inculcarles dichos valores, ellos y sabrán cómo actuar de forma positiva para lograr una conducta objetiva, fortalecida, que les permita crecer o desarrollarse dentro y fuera del entorno familiar. Con ello alcanzarán su merecido éxito y llegarán a conocer la felicidad, la cual se traducirá en su equilibrio emocional.

Debemos tener la seguridad de que, si amamos a nuestros hijos y hacemos por ellos lo que tiene que hacerse, sin sentir pena ni conmiseración por ellos ni por nosotros mismos, la toma de decisiones, aunque parezca ser un acto individual y solitario, es el fruto de un trabajo colaborativo, llevado a cabo como equipo familiar. Para que esto sea posible, debemos confiar en nuestra capacidad para lograrlo. La paciencia será nuestra fiel compañera en este proceso, ya que debemos esperar pacientemente a que los primeros resultados se hagan notar. Al verlos, sentiremos que ha valido el esfuerzo el construir tan fuertes cimientos en torno a nuestros hijos, ya que ello será la mejor y más exitosa justificación en la toma de las decisiones de ambas partes.

Nuestros hijos son los autores de su vida. Por ello es que es responsabilidad de los padres prepararlos para el camino y guiarlos en su vuelo. Cuando vuelen del hogar hacia la vida, tendrán que asumir su propia responsabilidad en el proceso de toma de decisiones. Por ello es que deben estar sumamente preparados para su despegue. El amor responsable es el que les dará el fortalecimiento pleno para que estén totalmente preparados para asumir las consecuencias, tanto negativas como positivas. Será necesario que, para ese entonces, nuestros hijos sean capaces de transmutar lo malo o lo equivocado, en oportunidades para crecer y ser mejores personas. Nuestros hijos tendrán que ser capaces de discernir entre diversas opciones, para lo cual deberán ser empáticos con su aquí y su ahora. Tendrán que haberse preparado y estar debidamente fortalecidos para asumir los procesos de estigmatización que se le pudieran presentar como consecuencia de ser negativos y, en situación distinta, elevaría su estatus social ante su comunidad, donde debe desarrollarse plenamente. Es por ello que los valores y el amor responsable van de la mano en la construcción de una familia feliz, entendiéndose por ello a que aquel grupo de personas que conviven, se encuentre satisfecho para gozar de todo aquello con lo que se tope en el camino del éxito y de la salud mental.

Se entiende que el amor responsable se convierte en exigente sin perder la objetividad y también en el camino en el cual debemos encausar a nuestros hijos sin incurrir en la lástima o en la conmiseración hacia ellos, porque hacerlo establecería una pérdida de la objetividad como padres, puesto que la toma de decisiones debe ser fundamentada. Esto indica que cuando decimos *sí*, no podemos dar vuelta atrás, mientras que cuando decimos *no*, estamos incurriendo en lo más fuerte del acuerdo de voluntades con nuestros hijos. Por lo tanto, debemos permanecer firmes pese a los chantajes y a las diversas justificaciones provenientes de nuestros hijos acerca de por qué debemos decir la palabra mágica: sí.

El amor responsable nunca se torna intolerable, sino que solo establece la paciencia y la espera para lograr los objetivos que nos permitan la eficacia, la empatía, la seguridad, la justicia y la verdad en la traslación de la respuesta. Nunca debe existir un revés en nuestra toma de decisiones, ya que debe ser firme, debidamente valorada y razonada. Recordemos que el amor responsable es un amor exigente.

Los valores familiares son el respeto, la tolerancia, la solidaridad, la amistad, la responsabilidad, la confianza y el amor, solo por mencionar algunos, los mismos que no podemos dejar de trabajar día a día con nuestros hijos en el proceso de comunicación y de enseñanza que estamos llamados a desarrollar y mantener con ellos. Estos valores formarán un escudo de enseñanza y protección que llevarán con ellos en su devenir histórico y en su contexto social, para lograr la empatía en la sociedad en la que conviven a diario y se desarrollan. Por lo tanto, debemos entender como tolerancia al respeto y a la aceptación de los demás, con sus defectos y virtudes. Debemos definir a la responsabilidad como el cumplimiento de nuestras obligaciones y asunción de nuestros actos y errores. La responsabilidad implica esforzarnos al máximo por ocuparnos de las cosas que se tienen que deben ser llevadas a cabo como parte de nuestro compromiso, tanto para con nuestros hijos como para con la sociedad en la que vivimos. La amistad es una forma perfecta del amor; la solidaridad es un valor que significa dar ayuda a quien lo necesita, sin esperar recibir recompensa alguna a cambio; la confianza es la seguridad que se tiene en uno mismo, es el ánimo y el motor que nos lleva a actuar para actuar y el amor es el sentimiento que hace nacer en nosotros el cariño, el respeto, la bondad, la compasión y el afecto; y una vez que todos estos sentimientos laten en nuestro interior, la persona que los alberga y los profesa hacia alguien más, vivencia una serie de emociones, de experiencias y de actitudes.

La serie de definiciones vertidas con anterioridad son los ingredientes que nos llevan de la mano al más puro y noble sentimiento, que es el amor como eje rector de la familia, el cual se reafirma como el principal ingrediente en la armonía familiar y en los actos recíprocos entre padres e hijos, lo cual hace de nuestra existencia una instancia sublime. Es por ello que no debemos dejar de inculcar valores a nuestros hijos. No solo con la familia, sino también con el acompañamiento educativo, se fortalecen, ya que con ello se regulan las actitudes positivas de nuestros hijos, con lo cual se impide la transgresión de su tranquilidad para con otros ideales, con ello se logra afectar la estabilidad emocional de nuestros hijos al momento de elegir. De esta forma, se impregnan de conductas impropias que transforman la relación entre padres e hijos y las tornan ríspidas.

En este capítulo se privilegia al AMOR RESPONSABLE en compañía de los valores fundamentales del ser humano, para hacer digna y efectiva la presencia de nuestros hijos en el o en los grupos sociales donde se desarrollen o actúen de forma libre para insertarse de manera exitosa y viable en el contexto social en el que se encuentran inmersos. Por lo tanto, el AMOR RESPONSABLE una vez más se erige como verdadero y exigente para lograr una incursión exitosa de nuestros hijos en su paso por la vida, lo que hace que sea posible que trasciendan en forma exitosa, que resulten empoderados de sus decisiones y de su vida, y que obtengan la calificación más alta del grupo social donde se desarrollan. De esta forma, alcanzarán un estatus, o jerarquía social, fortalecido y en concordancia con las necesidades de su tiempo.

Como padres de familia, debemos tener claro que los valores se sostienen en el núcleo familiar gracias al amor verdadero que nos permite ser concebidos en la parte cognitiva y espiritual de nuestros hijos.

Capítulo III

Amor responsable y las redes sociales

El amor responsable y el uso de las redes sociales como fuente de consulta de nuestros hijos

Las redes sociales son estructuras formadas, en el contexto de Internet, por personas u organizaciones que se conectan a partir de intereses o valores comunes. Como consecuencia de ello, se establecen relaciones entre personas, empresas e instituciones de forma inmediata y sin jerarquía, sin que los límites físicos representen impedimento alguno. En otras palabras, las redes sociales nos permiten conectarnos rompiendo las barreras de la distancia.

En este capítulo nos referiremos al paidagogo de la Grecia Antigua que guiaba a los niños de su casa a la escuela por el camino de la verdad y les transmitía el conocimiento de las diversas ciencias.

Ello se traducía en un binomio humano trascendente y de vital importancia para su contexto social. Existía un compromiso impregnado de valores que establecía una empatía plena entre ambos. Emisor y receptor quedaban establecidos en el proceso de comunicación, en la combinación enseñanza-aprendizaje, adornada de calidez y de un aprendizaje significativo, cuya base yacía en la experiencia y en los descubrimientos de la época en el área científica, en el Arte, en el Derecho, en la Medicina, en la Astronomía y entre otras disciplinas que eran de interés para esa cultura. Ellos guiaban a los niños desde sus casas a la escuela por el camino de la verdad, a través de los ejemplos cotidianos y de las experiencias vividas, llámense sociales o científicas.

En la actualidad, la comunicación entre dos o más personas se establece utilizando Internet, pero en la mayoría de las ocasiones son simplemente intercambios de contenidos, carentes de veracidad, porque no se está frente al otro, o a los otros, para autentificar la información obtenida, y ello provoca una inestabilidad emocional que lascará la conducta de nuestros hijos, porque ellos piensan que la información que reciben de esas personas que nunca han visto cara a cara y que, tristemente, probablemente jamás lo hagan, son verdades absolutas y no relativas. Lamentablemente, lo que no se toman el tiempo de pensar es que pueden resultar siendo presas de una gran mentira, de un perverso engaño en beneficio de aquellas personas que no forman ni formarán parte de su vida real.

Si bien es cierto que las redes sociales son muy atractivas para los usuarios, en especial si estos son niños o adolescentes, y que usándolas con responsabilidad son un éxito, no podemos pasar por alto que cuando se utilizan con fines destructivos, pueden causan graves problemas que permanecerán por largo tiempo en el sistema emocional y cognitivo de nuestros amados hijos, a quienes les debemos, más que un amor benevolente y permisivo, un amor responsable.

"Muy a menudo nos olvidamos que en las redes sociales hay redes y sociedad, si la sociedad no funciona las redes sociales tampoco."

(Alfredo Vela)

En las redes sociales puede haber intercambio de información a nivel personal y empresarial. Cuando hablamos de redes sociales, en lo primero que pensamos es en Facebook, Twitter, LinkedIn o en aplicaciones como Snapchat, Instagram, Messenger, WhatsApp o Telegram, solo por señalar algunas. En Internet las redes sociales han encabezado la falta de privacidad, las discusiones por razones políticas y el *bullying* escolar, además de ser el terreno más fértil a través del cual exhibirse situaciones de índole privada y personal de forma cruelmente pública. De este modo, salen a la luz asuntos que forman parte de la intimidad familiar o personal, lo cual puede significar un daño permanente en nuestros hijos.

Las redes sociales surgen con el arribo del Internet a nuestras vidas, lo cual tiene lugar en la década de los años noventa del siglo pasado. Con esta analogía, podemos advertir la trascendencia que estas tuvieron a nivel internacional o mundial. En dichas plataformas se encuentran inmersos nuestros hijos, quienes hacen uso de su absoluta libertad para manejarlas y "existir" dentro de ellas, con los riesgos que ello implica. Sin embargo, si actuamos conjuntamente con ellos, guiándolos, encaminándolos, advirtiéndoles y acompañándolos en el uso de Internet para que puedan acceder a las redes social de la forma más segura posible, los riesgos disminuyen de forma exponencial. Algo que debemos tener muy en claro es que gozamos de la plena autoridad para hacerlo, porque no somos sus iguales. En cambio, si perdemos el norte al respecto y nos involucramos como sus iguales en sus juegos y en sus tareas escolares, para tener una mejor relación con ellos, olvidándonos de los límites que existen al respecto, estamos incurriendo en un error que podría resultar irreparable, ya que perdemos autoridad y jerarquía ante sus ojos.

Debemos ser capaces de decir seguridad debemos decir sí o no con plena autoridad, tal como se explicaba en el capítulo anterior, pero con fundamentos, y el binomio humano más importante en el ámbito familiar, a manos de quien tenga bajo su cargo a los niños y adolescentes a falta de papá o mamá, debe ser previamente consensuado para ser trasladado a ellos sin admitir retroceso en la toma de decisiones, independientemente o no a que a nuestros hijos les guste o les disguste, porque todo lo que hagamos será por su bien. Si los integrantes de dicho binomio se encuentran de acuerdo entre sí, se puede actuar conjunta o separadamente, ya que el resultado será el mismo y, por supuesto, será exitoso.

Nosotros, como padres, debemos estar informados de los sitios *web* que visitan nuestros hijos en Internet, así como también de los que existen, porque de ello depende encaminarlos hacia la senda de la verdad de la casa a la escuela. Tenemos la obligación de retomar el rol del paidagogo de la Grecia Antigua, ya que, si bien es cierto que la formación académica de los jóvenes de la época no es la que se da actualmente, no es menos cierto es que enseñarles a nuestros hijos es una tarea cuya jerarquía nunca caducó. No nos hemos convertido en sus cómplices, como tampoco en sus iguales, en sus amigos. La jerarquía es lo que nos ha permitido salvaguardar nuestra posición de cada una de las partes en este vínculo de padres e hijos.

Debemos involucrarnos en sus tareas escolares, formar parte de ellas, acompañarlos y respaldarlos en su realización, pero sin llegar a realizárselas. Para tal propósito nos será de suma utilidad informarnos acerca del rol del facilitador del aprendizaje sobre temas a estudiar y sus respectivas fuentes de consulta. No debemos pasar por alto el problema actual de la pandemia a nivel internacional, en virtud de que es el principal obstáculo para que nuestros hijos acudan a la escuela con regularidad. No obstante, también es el principal pretexto para el uso desbordado e inadecuado de Internet y de las redes sociales, más aún cuando nosotros, como padres, estamos acostumbrados a proporcionarles a nuestros hijos cantidad de tiempo en vez de centrarnos en la calidad de los momentos que pasamos juntos en el seno familiar, pero de ello hablaremos más adelante.

Podríamos cuestionarnos si las redes sociales, tal como se plantean, son un bien o un mal necesario para nuestros hijos. ¿O acaso es necesario que nos volvamos un complemento en la administración de ellas dentro del hogar, ejerciendo la autoridad que tenemos sobre nuestros hijos, para así encaminarlos en el trayecto de su vida hasta que ellos sean autosuficientes? La respuesta a esta pregunta está en el interior de cada uno de nosotros, ya que cada padre, cada madre y cada tutor, tiene una respuesta a ello. Lo que nunca debe olvidar es que tendrá que asumir las consecuencias de su decisión. Eso es amor responsable, o amor verdadero, que se traduce en amor exigente cuando debe serlo, sin conmiseración alguna, ya que con ello se llega al bienestar y a la felicidad, que es cuando todo se encuentra perfectamente eslabonado, lo cual ocurre cada vez que mantenemos el control de todas y cada una de las situaciones que suceden en la familia, adversas o satisfactorias. De este modo, tendremos la capacidad y la seguridad de enfrentarlas, como equipo colaborativo que somos, en el seno del hogar, sin que ello demerite absolutamente nada.

Es por ello que el amor responsable y el uso de las redes sociales como fuente de consulta de nuestros hijos, no deben concebirse como un parteaguas en la comunicación efectiva con ellos, ya que son la oportunidad de lograr una cercanía con ellos, quienes en la actualidad creen que saben más que nosotros, situación que les hace olvidar que solo les estamos ahorrando escalones al dirigirlos. De eso se trata el verdadero amor.

No debemos concluir este capítulo sin antes señalar cuáles son las redes sociales más usadas, las cuales son Facebook, Youtube, WhatsApp, Mmessenger, Weixin/we chat, Instagram, Douyin TikTok, QQ, Q Zone, Sina Weibo, Reddit, Snapchat, Twitter, Pinterest y Kuaishou. Ante este mundo de prolífica diversidad, nuestros hijos se encuentran expuestos a extraños de forma permanente. Por lo tanto, si no hay un control de parte nuestra haciendo valer nuestra jerarquía, ese mundo fascinante los deslumbra sin que ellos tengan por sí solos la capacidad plena y la responsabilidad para digerir este mundo informativo y discernir lo bueno de lo malo, si les falta nuestra ayuda.

Internet se escabulló en nuestras vidas para no irse jamás. Logró romper los esquemas y los parámetros sociales de forma descomunal, despersonalizando la auténtica calidez humana en el momento de la recepción de información proveniente de diversas fuentes. En la actualidad, se toman como fuentes informativas a los sitios *web* que proporciona Internet, mientras que quedan en el olvido los libros, las revistas, los periódicos y los documentales, entre muchas otras fuentes de información válidas y fiables.

Internet se infiltrado entre nosotros de manera inteligente a través de los móviles, de las computadoras y de las tabletas, solo por mencionar algunos de los dispositivos que nos la han traído al seno mismo de nuestro hogar. De este modo, las redes sociales se han vuelto tema indispensable de conversación, tanto dentro y como fuera de la familia, ya que absorben la atención de nuestros hijos la mayor parte del tiempo. A través de ella se promueven artículos como los móviles, los cuales, en la mayoría de las ocasiones, están fuera del alcance de la economía familiar, pero que en este momento impactan como objeto de uso fundamental para nuestros hijos. Para empeorar las cosas, aunado a la pandemia del COVID-19, se han desbordado sus costos bajo la justificación de las clases en línea y de la búsqueda de información de las diversas áreas del saber. A ello se le suma la ausencia de control de nuestra parte, lo cual favorece el uso desmedido de ellos.

Lo anterior provoca la estigmatización social y el *bullying* para aquellos que no tienen la posibilidad de adquirir estos objetos como herramientas de trabajo, o para quienes adquieren modelos que no pertenecen a la gama de opciones recién salidas el mercado, lo cual les asigna, ante los ojos de quienes sí pueden hacerlo, una calificación inferior dentro de su grupo social, es decir, un estatus bajo o la burla de los demás a través de la práctica del rumor, vulgarmente conocida como "chisme," hasta convertirse en una letal discriminación. De esta forma, se abre aún más el abismo de la desigualdad económica y social, lo cual tiene como resultado la afectación de la estabilidad emocional y familiar de nuestros hijos, porque se sienten humillados, lesionados y avergonzados, por no contar con las herramientas de moda. Pero ahí es cuando debe actuar nuestra labor a través del amor responsable, la cual obra con argumentos sólidos que justifican ante nuestros hijos que la necesidad se suple con herramientas de trabajo, las cuales servirán para que puedan realizarlo de forma adecuada. No es la moda ni lo costoso lo que vale, sino aquello que los ayuda es tener el control de lo material, para así saber utilizarlo de forma adecuada y lograr resultados óptimos que impacten en la adquisición de conocimientos idóneos. Para alcanzar este sublime objetivo, debemos sensibilizarlos con el amor verdadero y exigente.

mariodie87@hotmail.com

Capítulo IV

Nuestros hijos y la educación internacional

El amor responsable, la educación internacional y nuestros hijos

"No solo eres responsable de lo que haces… sino de lo que no haces, de lo que no defiendes y de lo que callas."

(Sherezade)

El significado de la educación internacional aún no se encuentra perfectamente establecido. Algunas personas señalan que es cuando un estudiante viaja al extranjero a realizar sus estudios, mientras que un segundo enfoque la define como el acercamiento a la educación que forma estudiantes intencionalmente para ser actores activos, con compromiso como parte integrante de un contexto internacional.

Internet y las redes sociales son parte de la educación internacional como fuente de consulta, ya que se traspasa con ello la barrera del tiempo y de la distancia. De esta forma, se utilizan los recursos en línea de forma orientada, ordenada y responsable, con lo que nuestros hijos tienen acceso a la interculturalidad. Con ello nos referimos a que conocen formas de vida distintas a la suya, las cuales obedecen a culturas diferentes. En ellas, la forma de expresarse a través del idioma, las costumbres que se siguen al vestirse, la práctica de cultos religiosos y la historia y la normativa de la sociedad en la que intervienen, son diferentes. Esto se debe a que entran en juego los usos y costumbres de cada continente y, en forma específica, de cada país y región donde convergen geografía, clima, historia, ciencia, arte y tantos otros factores, como, por ejemplo, las formas del amor y la responsabilidad.

Haciendo una analogía de lo anteriormente expuesto, podríamos pensar que nuestros niños y jóvenes, al tener un acceso no controlado del uso de Internet, adoptan usos y costumbres adversos a su propia cultura, lo que los lleva a caer en la trampa de la imitación. De esta forma, adoptan una serie de conductas inadecuadas a su contexto social, lo que se traduce en un problema familiar en virtud de que no comprendemos por qué nuestros hijos adoptan formas de vestir indiscutiblemente distintas a las de su comunidad o país ni por qué escuchan música que contiene mensajes nocivos que inducen a las adicciones, siendo las principales de ellas el alcohol y la droga, sustancias que terminan conduciendo al homicidio, a las lesiones y al suicidio.

Al estar completamente convencidos de que nuestro comportamiento es equivocado, nuestros hijos argumentan incomprensión de nuestra parte en nuestro rol de padres. Para completar este doloroso panorama, aseguran que somos responsables de sus sufrimientos, llevándonos a experimentar un doloroso sentimiento de culpa al verlos autodestruirse a través de la no aceptación de que nosotros, sus padres, quienes velamos por su bienestar, somos los que tenemos el timón del barco, somos los conductores del camión o el *jockey* que conduce a su caballo hasta el final de una carrera. Por muy doloroso que nos resulte esta percepción (errónea) que nuestros hijos adquieren acerca de nosotros, esto no nos puede llevar a ser incapaces de establecer límites; recordemos: sí o no, aunque no nos guste o no nos convenga. Debemos dejar muy en claro que no somos los iguales de nuestros hijos.

Debemos abrir paso a la interculturalidad responsable y, sobre todo, mostrarles a nuestros hijos que cada uno de nosotros tiene identidad propia. Tenemos el compromiso moral de desalentar toda pérdida de la identidad a través de Internet y de los medios de comunicación masiva, como lo son la radio, la televisión y las historietas infantiles que generan violencia, sexo inadecuado y pérdida de los valores universales, con lo cual se incurre en la peligrosa desacreditación del valor de la familia como célula fundamental de la sociedad.

Toda esta situación deviene en una infame invitación a cometer actos constitutivos de delito, privilegiando al crimen organizado y desvalorizando a personajes que, por su actuar dentro de la sociedad y por el aporte hacia ella, han pasado a formar parte de las páginas de la historia universal y de cada país en forma específica.

Como podemos observar, formar parte de la educación internacional va más allá de aprender Geografía, Historia Universal, Arte, idiomas y Música, sino que también lleva a nuestros hijos a adquirir formas de vestir y de asociarse en tribus urbanas para así manifestarse inconformes con la vida, haciendo visible su malestar a través de la ropa o de su ritual de comportamiento, convirtiéndose en personas en lo absoluto empáticas con su contexto social.

Como podemos observar, la educación internacional, nuestros hijos y el amor responsable, van de la mano en forma absoluta en la formación de un hogar, de una familia feliz. Podremos preguntarnos por qué. Sin embargo, no es nada sencillo dar respuesta a esto, ya que cada uno de nosotros, en nuestro actuar como eje rector familiar, tenemos la responsabilidad de ser prudentes en la información que permitimos llegue a nuestros hijos. Nosotros y nadie más somos los únicos responsables de entender que los planes y programas se orientan para satisfacer necesidades políticas, económicas y sociales, de nuestro tiempo, a efectos de formar, en la mayoría de los casos, mano de obra calificada y no seres humanos orientados a través de una educación universitaria.

Los intereses que se satisfacen a través de la educación internacional, nada tienen que ver con el bienestar de nuestros hijos. es por ello que debemos hacer valer la autoridad que tenemos en el núcleo familiar, porque anhelamos para nuestros hijos una vida en la cual la violación a los derechos fundamentales del ser humano no tenga cabida. Dicho de otra forma, una existencia en la que no exista la violación a los derechos humanos y a los derechos del niño.

Recordemos que cuando nuestros hijos vienen al mundo, son una *tabula rasa*, es decir, una hoja en blanco, sobre la cual nosotros podemos escribir para formarlos como alumnos críticos, analíticos, participativos y forjadores de su propio destino o realidad, con fortalecimiento pleno en la toma de decisiones. Esta es la clave del aprender a construir: no quedarnos en el simple "aprender a aprender."

Recordemos que la felicidad es la clave de la salud mental, por lo que debemos adoptar una postura responsable ante la educación internacional, la cual no es solo la migración de estudiantes, sino va más allá de la simple posibilidad de estudiar fuera de tu país. No se puede carecer de raíces ni bases sólidas en el núcleo familiar, además de que debe existir una adecuada formación de los facilitadores del aprendizaje, con lo cual se logra abanderar la profesionalización y la colegiación, para poder actuar con responsabilidad en la traslación del conocimiento a través de la famosa modernización educativa, en la cual las tareas pasan a ser evidencias educativas.

Si tomamos en cuenta que educar es desarrollar facultades intelectuales, morales y afectivas, de una persona de acuerdo con la cultura y las normas de convivencia de la sociedad a la que pertenece, además de formarla en valores y de ponerla al tanto de sus derechos y de sus obligaciones, nos encontramos ante la presencia del amor responsable, de un amor verdadero y exigente. Si tomamos en consideración que la educación ayuda a los niños y jóvenes a ser lo que son, es de vital importancia vigilar los contenidos que les son compartidos a nuestros hijos. De esta forma estaremos evitando el peligro de la extinción de valores y la pérdida de identidad. De acuerdo a lo establecido, la educación es un derecho de todos los hombres y mujeres, ya que proporciona "las capacidades y conocimientos críticos y necesarios para convertirnos en ciudadanos empoderados, capaces de adaptarnos al cambio y de contribuir a la sociedad."

La Declaración Universal de los Derechos Humanos protege a la educación, además de reconocerla como uno de los cinco derechos culturales básicos. No debemos olvidar que la creación del derecho a la educación se encuentra en el Pacto Internacional de Derechos Económicos, Sociales y Culturales de las Naciones Unidas, el cual reconoce "que la educación debe capacitar a todas las personas para participar efectivamente en la sociedad libre, favorecer la comprensión, la tolerancia y la amistad, entre todas las Naciones y entre todos los grupos raciales, étnicos y religiosos, y promover las actividades de las Naciones Unidas en pro del mantenimiento de la paz. Los estados deben garantizar la educación a sus ciudadanos mediante recursos y programas que sean acordes a su cultura."

La enseñanza que deja huella no es la que se hace de cabeza a cabeza, sino de corazón a corazón. Esto es lo que dice el profesor estadounidense Howard G. Hendricks.

Todos estos pensamientos educativos nos llevan a concebir una educación ideal a la que todos nosotros tenemos derecho.

Es indispensable señalar que cada una de ellas establece un mundo maravilloso, en el que se inspiran los facilitadores del aprendizaje y los padres de familia. Se ve al amor como un noble y puro sentimiento, pero no como amor responsable, en el que existen las exigencias y los límites, en el que se establecen las jerarquías dentro y fuera de la familia, en el que se respetan los usos y las costumbres y, principalmente, en el que se fomenta la interculturalidad.

Confucio manifiesta que la educación genera confianza, la confianza genera esperanza y la esperanza genera la paz. Es un maravilloso e inspirador pensamiento, a través del cual la paz se traduce en equilibrio, y ello genera felicidad. Los grandes pensadores estaban llenos de ideas positivas, pero nunca imaginaron el arribo de Internet a nuestras vidas, y mucho menos la incursión en las redes sociales que nuestros hijos llevan a cabo de forma permanente, lo que genera en nuestras vidas momentos de una profunda intranquilidad y un sin número de interrogantes que nos planteamos cada vez que las utilizan, porque, en realidad, no sabemos si están buscando información para su desarrollo escolar o haciendo simplemente presencia en las redes sociales.

Después de una profunda analogía de razón, nos percatamos de que, si la educación internacional no define un objetivo específico, nos encontramos ante la presencia de algo incompleto, ya que no conocemos la intención que subyace detrás del hecho de traspasar las fronteras. Como resultado, la educación universal se hace imposible, ya que no se respeta la interculturalidad, que es el proceso de comunicación e interacción entre personas o grupos con identidades culturales específicas, que tiene como resultado hacer que se sientan identificados y unidos en el entramado del vasto y lleno de diversidad mundo.

Las relaciones interculturales se basan en el respeto mutuo, pero no se encuentran libres de problemas. En ellas se favorece el diálogo y la concertación, y ello conlleva a una integración. La interculturalidad se encuentra sujeta a la cultura, a la diversidad, a la hegemonía cultural, política y económica de países y regiones.

Lo anterior es un llamado a que la discriminación social debe establecerse como inexistente y, tanto en el amor responsable como en la educación internacional y en nuestros hijos, debe privilegiarse dicha circunstancia. Es por ello que debemos dirigir a nuestros hijos no solo hacia el aprender a aprender, sino también al aprender a construir, para que, de forma responsable, adquieran y digieran los saberes y los apliquen en forma crítica, responsable y analítica, en la construcción de su pensamiento. De esta forma, le será mucho más sencillo hallar la solución a sus problemas de forma efectiva y eficaz, así como también podrá vislumbrar el advenimiento de situaciones adversas en su vida y, por ende, actuar con cordura y responsabilidad para evitarlas o, en el peor de los casos, para afrontarlas.

La educación internacional es una variable, pero el amor responsable es una constante.

Capítulo V

Educación internacional y amor responsable

Los planes y programas de estudio en la educación internacional como método regulador del conocimiento

Los planes y programas de estudio en la educación responden a los intereses políticos, económicos y sociales, de los países del primer mundo. Es decir que nuestros hijos estudian lo que las grandes potencias encapsulan dentro de la educación para extraer personas que sirvan a sus intereses, para así poder llevar a cabo sus planes de diversas índoles. De modo que la educación es el medio a través de las cual dichas potencias ejercen un control desmedido sobre sus estudiantes, ya que sus planes de estudio están diseñados para esculpir individuos con determinadas características específicas. Por ende, cuando esos estudiantes culminan sus estudios, las potencias en cuestión se hacen de mano de obra calificada. Tal como lo señalamos en el capítulo anterior, su principal objetivo es no formar universitarios, ya que necesitan trabajadores no intelectuales para saciar su creciente producción.

La educación internacional tiene la intencionalidad de crear un mundo ideal. Su cometido es formar jóvenes solidarios, debidamente informados, con sed de conocimiento y con la plena capacidad de crear un mundo ideal, lleno de paz, en el preámbulo de un entendimiento corresponsable y el respeto a la interculturalidad. En dicho contexto actual, los facilitadores del aprendizaje deben tener un grado de profesionalización avanzado y la colegiación. No basta tener una licenciatura para enseñar, sino que hay que saber hacerlo con las últimas técnicas pedagógicas, y para ello es necesario que se capaciten para realizar una adecuada y efectiva traslación del conocimiento. Deben contar con una licenciatura o posgrado adicional, a través de los cuales adquieran el dominio de las técnicas de enseñanza adecuadas.

Veamos el siguiente ejemplo: un facilitador del aprendizaje con una licenciatura en Historia conoce su área del saber como a la palma de su mano, pero para haber obtenido su licenciatura, no fue obligatorio que manifestara conocer las técnicas y los métodos de enseñanza acordes a los conocimientos que espera compartir a sus alumnos. Debe estar preparado para enfrentar ese noble reto y no caer en el esquema de la improvisación, como lo hacen muchos.

Es por ello que la educación internacional es de suma importancia, siempre y cuando en ella exista un objetivo transparente y no tenga un fin encubierto para lograr sembrar en nuestros hijos conductas inadecuadas que no corresponden al contexto social donde se encuentran, ya que son discordes a las tradiciones, costumbres, contexto histórico, marco normativo, idioma, forma de vestir e incluso tonalidad de la voz, por señalar solo algunos ejemplos representativos.

La educación internacional se complica en virtud de que cada país tiene usos y costumbres, idioma, tradiciones, factores políticos y económicos de diversas naturalezas y, por ende, un distinto marco normativo. Si a eso le sumamos el credo o la religión predominante y, a su vez, la diversa geografía e historia, por señalar solo algunos aspectos, comprenderemos las razones de tal complicación.

Derivado de lo anterior, consideramos que hay una severa dificultad para unificar la educación internacional, ya que los países tercermundistas con sus jóvenes, estarían frente a los alumnos del primer mundo, donde estos últimos cuentan con la más avanzada y diversa tecnología, lo que representa un contraste insalvable con los países tercermundistas. Si a esto le agregamos la no profesionalización de los facilitadores del aprendizaje y, mucho peor aún, la falta de importancia que en el tercer mundo se le da a la colegiación, comparada con lo imprescindible que esta es en el primer mundo, podemos ver con facilidad que no existe un equilibrio en la información, ni en la culturalización ni en la economía.

La educación internacional es un paradigma entre tanto no se encuentre una definición exacta que la enmarque, ya que, de existir, tendríamos un objetivo claro de la misma y sus alcances, así como también tendríamos la posibilidad de saber si la adopción de esta generaría óptimos resultados en una educación objetiva y, sobre todo, efectiva, que provoque bienestar a los jóvenes como parte fundamental en la integración familiar y que ello se traduzca en una estabilidad emocional que nos permita equilibrar la conducta de nuestros hijos y, a su vez, que ello se traduzca en felicidad.

La búsqueda del bien común en la educación que traspasa fronteras, debería ser uno de los principales objetivos, para lo cual se deberían aunar los valores y los derechos fundamentales del ser humano, pero la realidad es que, al dejar de existir un propósito encausado a través de bases sólidas, solo se vicia el proceso y es ahí donde se instala el trágico proceso de la incertidumbre.

Descubrir nuevos métodos que permitan analizar la realidad educativa son propósitos que aseguran la garantía científica. Deberían darse procesos que se encaminen hacia la solución de problemas a los efectos de alcanzar un fin determinado en el proceso de enseñanza-aprendizaje, pero lamentablemente, las propuestas educativas en la actualidad obedecen a intereses políticos, económicos y sociales. Difícilmente se privilegia el interés de nuestros hijos, situación que alarma, pero que, sobre todo, preocupa, porque se establece una seria intención de la reingeniería de nuestros jóvenes con objetivos claros hacia la pérdida de identidad, lo que genera en ellos conductas negativas y nada congruentes con su contexto social. Esta situación conlleva a la incitación de realizar actos constitutivos de delito, a las adicciones, al *bullying* estudiantil, a la deserción escolar, a formar tribus urbanas y, como consecuencia, al adiós a los profesionales, e incluso a la mano de obra calificada, ya que la información que obtienen a través de Internet, utilizando en forma inadecuada las redes sociales y, por supuesto, ante la ausencia absoluta del ejercicio dentro de la familia y de la escuela del AMOR RESPONSABLE, se traduce en un rotundo fracaso.

Si analizamos lo siguiente: es falso que los programas de estudio de cada país tengan un soporte objetivo y real para encaminar a nuestros hijos, porque no existe el interés de aplicar el amor responsable, mucho menos podremos con los planes y programas de estudio a nivel internacional.

Son muchos los ingredientes de la receta que deben agruparse adecuadamente para lograr que la educación internacional, en forma colegiada y colaborativa, regule de manera eficaz el conocimiento con el acompañamiento de la célula fundamental de la sociedad, que es la familia. Es menester que trabaje conjuntamente con la escuela, obedeciendo a planes y programas de estudio bien planteados, para que ejerzan como el arma más poderosa en esta noble tarea que se traduce en la batalla más significativa para la familia, dentro y fuera del proceso de enseñanza-aprendizaje, que es el amor responsable, o amor verdadero. Este amor se vuelve exigente para traducirse en el amor más noble y puro al tratar de encausar a nuestros hijos hacia el camino de la verdad y del conocimiento, para llevar a un fortalecimiento pleno en la toma de decisiones y la absoluta responsabilidad en las consecuencias que ello genere y, sobre todo, para nunca dejar de ser empáticos a su contexto social, logrando así una excelente valoración de los demás, quienes les permitirán desarrollar su papel, su rol social, de forma adecuada, obteniendo un diez de calificación para alcanzar un estatus social alto.

Por lo tanto, es necesario darle a la educación internacional un rumbo perfectamente establecido como método regulador del conocimiento de nuestros hijos. A su vez, dentro de la familia estableceremos límites que conlleven a una relación armónica en el binomio humano que da vida a la familia. Recordemos que nosotros tenemos la autoridad, no estamos entre iguales.

Como padres de familia tenemos la potestad para ejercer el control y establecer la metodología de cómo hacerlo. Es por ello que la supervisión de nuestros hijos en su aquí y en su ahora es fundamental.

No debemos perder de vista que los planes de estudio se definen como un diseño curricular de las diversas áreas del saber. De modo que corresponden a todas las actividades que los estudiantes llevan a cabo y que varían de acuerdo a las necesidades específicas del país o región donde se establecen, y cuyo propósito es formar un perfil del estudiante en la mayoría de ellos. A partir de la reforma educativa, se busca que sean críticos, analíticos, participativos y forjadores de su propio destino o realidad, con un fortalecimiento pleno en la toma de decisiones.

Pero no debemos pasar por alto que la dirección de cada uno de ellos recae en las necesidades del Estado, no en la de nuestros hijos, ya que en ellos existen intenciones políticas para formar a los jóvenes dentro de la sociedad que controlan. Por ello es de vital importancia que en el perfil de nuestros hijos dentro de la familia y de la escuela, el amor responsable, exigente y verdadero, sea una constante.

La traslación del conocimiento y la adquisición del mismo, deben estar perfectamente supervisadas y controladas por nosotros para lograr una vida digna y plena para nuestros hijos. De este modo, gozarán de una plena seguridad en su desarrollo personal y profesional. Concluimos señalado que el perfil de nuestros hijos debe traducirse en hombres y mujeres de éxito, es decir, que logren transportarse al grado máximo de felicidad, logrando una congruencia en el estado emocional y económico, ya que ello provoca su estabilidad familiar y social.

"La educación es lo que sobrevive cuando todo lo aprendido se olvida."

(Frederic Skinner)

Lorena Barradas Moctezuma
mariodie87@hotmail.com

SCAN ME

Capítulo VI

Mi hijo frente a un sí o un no

Mi hijo frente a un sí o un no dirigido por el amor responsable

"El verdadero amor no es otra cosa que el deseo inevitable de ayudar al otro para que sea quien es."

(Jorge Bucay)

En este capítulo trataremos de identificar y analizar las reacciones de nuestros hijos cuando les negamos lo que quieren de acuerdo a su óptica de proceder injusto.

Esta es una situación complicada dentro de la familia, ya que, si papá y mamá no trabajan de forma conjunta, formando un equipo colaborativo, y se asume que tenemos la autoridad absoluta sobre nuestros hijos para dirigirlos por el sendero menos escabroso de su vida, además de no ser iguales, sino distintos, aunque seamos pares, ya que ocupamos un lugar superior en la jerarquía y estamos a cargo de generar una experiencia significativa, adquirida a través de los años.

Debemos percibir que el sí es una circunstancia real que permite deducir o afirmar lo que se expresa, mientras que el no, que se utiliza para negar, se constituye en una respuesta negativa. No debemos generar una relación de desapego con nuestros hijos para evadir nuestra responsabilidad, atendiendo al principio de no formar hijos dependientes de sus padres, sino autosuficientes con una libertad dirigida hasta que alcancen la libertad plena al lograr su autosuficiencia. Además, insistiremos en que padres e hijos no son iguales, ya que los padres orientan, guían y educan, a sus hijos sin perder de vista que los recursos emocionales de los padres tienen límites, pero esos límites no deben prevalecer ante una afirmación o negación en el momento de resolver un cuestionamiento de nuestros hijos.

Nosotros carecemos de perfección. El hecho de ser padres nos convierte en imperfectos. Debemos tomar en cuenta que entre nosotros y nuestros hijos hay un abismo generacional. A su vez, también tenemos que considerar que las raíces y la cultura también forman parte de la problemática familiar en muchas ocasiones. No menos cierto es que debe haber tolerancia, flexibilidad y aceptación, en la toma de decisiones. Ante una situación tal, debemos reflexionar responsablemente. Nuestra respuesta, sí o no, siempre debe estar apartada de los tabúes y de la complacencia de caprichos o aparentes necesidades de nuestros hijos, como por ejemplo el teléfono más caro y moderno del momento, tal vez también el más popular. Lo anterior es un ejemplo de la información obtenida de las redes sociales y medios informativos sobre los teléfonos móviles, la cual revela que no se privilegia su uso, sino que se pondera el de mayores funciones y costos, al tiempo que se pasa por alto la utilidad que verdaderamente puede representar si aceptamos comprárselo a nuestro hijo. No se justifica la necesidad. Al sucumbir ante su presión, estamos negándonos al amor responsable. Recordemos que en esta fase se convierte en amor exigente, por lo que, si decimos no, la reacción de nuestros hijos es de molestia, de desagrado y de enfado. A los efectos de interponer el chantaje entre ellos y nosotros, lo que hace nuestro hijo, es decir: "¿Cómo es posible que no me puedan comprar ese celular? ¡Si a mi amigo sus papás ya se lo compraron! ¡Ustedes no trabajan para obtenerlo! ¡No me quieren! ¡No les importo! Quisiera que la mamá de mi amigo fuera la mía, porque lo quiere más, porque lo quiere." Ante semejantes acusaciones y manifestaciones, el sentimiento de culpa germina en nosotros. Ellos nos acusan a nosotros para liberarse de la responsabilidad de algo que no les ha salido como esperaban. Recordemos que la culpa vuelve a las personas indefensas y sin acción. Si nosotros le señalamos a nuestro hijo las cosas sin ningún sentimiento de culpa ni de autocompasión o rabia, estaremos libres para actuar y dejar crecer a nuestros hijos soportando las consecuencias, tanto buenas como malas, del propio comportamiento.

No debemos perder de vista que el comportamiento de los padres afecta a los hijos y el de los hijos a los padres. Por ello debemos tomar el timón del barco y dirigirlo con amor responsable, observando nuestra jerarquía al fortalecer la decisión que tomemos, independientemente de si la respuesta es sí o es no, acompañándola de razones equilibradas y fundamentadas, pero, sobre todo, firmes, sin pensar siquiera en revertirlas o cambiarlas, porque estaríamos cayendo en un abismo de chantaje y culpa.

Los padres debemos amar a nuestros hijos sin pena por ellos, porque debemos hacer lo que esté en nuestras manos para que ellos estén bien. Nuestra obligación es formarlos como triunfadores, ayudándolos a obtener su equilibrio emocional y asegurándoles estabilidad y, como consecuencia, felicidad.

Si en este momento pensamos en primera persona, como se intitula este capítulo: Mi hijo, debemos llevar a cabo lo siguiente: visualicémoslo y pensemos que, al interactuar con ellos, antes de responderles, debemos definir nuestro objetivo, fijar prioridades, formular un plan de acción y ejecutarlo para no ser presa fácil para que ellos nos manipulen. Tenemos que informarnos del problema que vamos a enfrentar y actualizarnos. Bajo ningún concepto debemos tener miedo a señalar un "no se puede porque no tengo dinero," "porque hay que cubrir gastos del hogar para poder vivir bien," "es demasiado caro, pero podría comprar otro de menor valor." Analiza si el que ya tiene no funciona para comunicarse o, en el caso de que no tenga un móvil, evalúa qué tan pertinente es concedérselo. Pondera si impera la circunstancia de mantenernos comunicados y de asumir los riesgos de Internet y del factor distractor en su uso cotidiano, porque están más atentos a través de él a las redes sociales que a sus responsabilidades. Recordemos que un sí debe ser negociado, por ejemplo: "sí, te lo concedo, pero debes realizar adecuadamente tus responsabilidades, tanto las que te asignemos en el hogar como las que te encomienden en la escuela. Si no cumples, me lo tendrás que devolver." Es de vital importancia para nuestra credibilidad y para su crecimiento madurativo, que esta última postura sea firme y que se cumpla. De lo contrario, perderemos autoridad ante ellos y nos volveremos vulnerables. Recordemos que la esencia de la familia se establece en la cooperación, no en la convivencia, ya que la cooperación es la unión de personas en torno a un trabajo para lograr el bien común.

Siempre debemos adoptar una postura positiva o saludable en torno a ellos, aun diciendo no, que es la respuesta más difícil, pero un sí es muy difícil, ya que, si no se establecen condiciones dentro de un acuerdo de voluntades, se convierte en peligroso en el seno de la familia, porque puede ser la antesala de conductas equivocadas y de libertad mal encausada. Es decir, si nuestro hijo no desea cumplir con una regla o límite, debemos hablar y discutir con él, pero nunca excluir la obligación del plan familiar.

"Amar no es mirarse el uno al otro; es mirar juntos en la misma dirección."

(Antoine de Saint-Exupéry)

No debemos satisfacer las peticiones de nuestros hijos de forma inmediata, sino que es vital que lex hagamos saber que lo consultaremos con su papá o mamá y que tomaremos una decisión al respecto más tarde. De esta forma, le estaremos haciendo notar que trabajamos en equipo y que la decisión será única. Esto nos ayudará, porque en futuras situaciones nuestros hijos nos plantearán sus inquietudes o peticiones en forma anticipada. Sabrán que se necesita tiempo para tomar decisiones correctas. Nunca debemos dar respuesta inmediata a las peticiones de nuestros hijos, porque ello denota irresponsabilidad. Recordemos que estamos frente al AMOR RESPONSABLE, AMOR VERDADERO Y EXIGENTE, el único tipo de amor que debe existir entre nuestros hijos y nosotros.

No debemos olvidar que, si bien es cierto nadie nos ha enseñado a ser padres, solo tomamos ejemplos de vida o imitamos lo que vemos o aprendimos con nuestros padres, pero así no es el asunto, sino que debemos hacer una reingeniería de nuestro rol como padres de familia para lograr el éxito y la felicitad en nuestra convivencia. Se trata de un arduo trabajo en un equipo colaborativo. El punto de partida es el AMOR RESPONSABLE.

Sin lugar a dudas, la convivencia familiar debe mejorarse para que, en la cotidianidad, las relaciones entre padres e hijos sean saludables. Gracias a ello, podremos establecer un vínculo que impida el arribo de ideas que causen el desequilibrio entre las partes integrantes de la familia. Además de ello, contamos con la educación, la cual tiene un rol fundamental para socializar y transmitir principios de convivencia y solución de problemas que son indispensables en la construcción de una sociedad. Para desarrollarla, se toma como base fundamental a la familia, ya que dentro de esta debe existir una comunicación asertiva. La familia debe estar centrada en demostrar amor, ya que ello genera una valiosa estimulación que arroja como consecuencia la tan anhelada protección, sin dejar de lado a la empatía, que es una habilidad fundamental en el desarrollo de relaciones sociales incluyentes. Por ende, no debemos omitir que en la familia es donde obtenemos nuestros primeros aprendizajes, que son las habilidades y aptitudes para vivir en forma armónica dentro de la sociedad.

Por tal razón, un sí o un no dentro de la familia no debe propiciar la desintegración de esta. El amor responsable auspicia valores tales como la tolerancia, el respeto, la solidaridad, la empatía, el diálogo y la responsabilidad. La suma de ello da como resultado la convivencia, que no es otra cosa que la capacidad de vivir juntos, ya que se deben generar ambientes de estimulación, respeto, cariño y cuidado, además de acordarse normas y límites con respeto, guiados por el ejemplo y siempre contenidos por el cariño. Debemos aprender a dialogar y a escuchar, de esto se trata la comunicación asertiva. A su vez, es necesario que establezcamos la negociación y la búsqueda de consensos para un sí o un no en el marco del amor responsable.

Capítulo VII
Calidad de tiempo y nuestros hijos

Calidad de tiempo con nuestros hijos es amor responsable

"Tus hijos olvidarán tus palabras y tus acciones, pero nunca como los hiciste sentir."

(Paco Sambrano)

Estamos llegando a uno de los momentos cruciales de nuestro libro, aquí abordaremos el tema de la calidad del tiempo que compartimos con nuestros hijos, la cual, a diferencia de la cantidad, es de vital importancia para que ellos se sientan queridos, amados, contenidos, respetados, escuchados y fuertes ante la vida que les ha tocado vivir, la cual enfrentarán con plenitud y actitud positiva, con pensamiento ganador y en óptimas condiciones emocionales, ya que ello les representa seguridad y certeza en su aquí y ahora .

La calidad de tiempo en familia es muy poderosa. Son los momentos que compartimos con nuestros hijos, interactuando con ellos, recordando buenos y malos momentos, jugando con ellos, poniéndoles en verdad atención, procurando olvidarnos de la televisión, de la música, del móvil y de los juegos de azar, mientras estamos con ellos, porque debemos establecer dos cosas si vamos a compartir tiempo de calidad con nuestros hijos: dedicarles el tiempo a ellos y no a los medios de distracción, porque aunque estemos en el mismo espacio, si no les prestamos atención, incluso aunque estén con nosotros, es un tiempo muerto que de nada nos es útil. Debemos recordar que son seres humanos que necesitan de nuestro afecto, por lo que es sumamente importante aprender a transmitírselos para hacerlos sentir bien, seguros y amados. Solo así les estaremos demostrando que verdaderamente nos importan.

Debemos hacer todo lo que a nuestros hijos les despierte interés, aumente su autoestima, afiance su confianza y haga nacer su esperanza.

Debemos brindarles nuevas perspectivas y alternativas, creando estímulos nuevos y oportunidades, cada vez que sea necesario.

Debemos conducirnos con verdad, honestidad, respeto y dignidad, sin jugar a los superhéroes para ganar la atención y el respeto de nuestros hijos. Debemos ser los mejores conductores, ya que es nuestra responsabilidad ser equilibrados, firmes y coherentes. Ello garantiza el éxito. Además, nuestra actitud frente a nuestros hijos debe ser alegre, aunque nos invada la tristeza. Debemos tener en cuenta que ellos no son responsables de la toma de decisiones que hayamos realizado en nuestra vida. Ellos solo quieren ser importantes para nosotros, ¡y qué mejor que demostrárselos compartiendo un tiempo de calidad a su lado! Ellos esperan sonreír y verse distintos, asumirse y aceptarse tal y como son, y buscan agradarnos siempre.

Cada padre o madre de familia tiene su historia y esta no debe ser trasladada a nuestros hijos para provocar en ellos odio o rencor hacia los demás, sino que, por el contrario, nuestra actitud debe ser tan congruente y objetiva que no permita que se dañen y, mucho menos, que se involucren en problemas que no les corresponden. Nuestra responsabilidad es aprender a construir una vida equilibrada juntos y no por separado. De esta forma, nos conformaremos como un verdadero equipo colaborativo y desarrollaremos una actitud de compañerismo, porque tenemos que caminar al lado de nuestros hijos, poniendo la fe y el creer, dándoles esperanza, fortaleciéndolos, animándolos y dándoles la mano en todo momento para que se sientan seguros y amados, con calidad de vida, con más aciertos y menos errores y, con respecto a estos últimos, los que haya deben ser perfectibles, ya que es nuestra tarea transmutar lo malo en algo maravilloso y extraordinario.

Algo que jamás debemos perder de vista es que debemos establecer reglas en un lenguaje franco y directo. Durante nuestro tiempo a su lado, debemos establecer una vez más el amor responsable, exigente y verdadero, para formarlos, informarlos y reforzar su grado de autoestima. De esta forma, siempre tendrán esta última elevada, asumiéndose y aceptándose como verdaderamente son, tanto dentro como fuera de su entorno.

Para proteger a nuestra familia y tener una vida feliz y digna, tenemos que disciplinar y orientar a nuestros hijos a través de nuestra jerarquía o tutoría. Aquí nos topamos con algo sumamente importante: tanto padres como hijos deben convertirse en emisores y receptores en el proceso de comunicación. Es decir, cuando uno de las dos hablas o emite el mensaje, el otro escucha puntualmente a su interlocutor y traslada su comentario de la forma más objetiva y fundamentada posible, lo que significa obtener un mensaje limpio y claro en el momento de la emisión o transmisión de este en el proceso comunicacional, proceso en el cual también debemos ser creativos. Recordemos también que nuestros hijos deben ser críticos, analíticos y participativos.

No debe perderse de vista que, si tenemos tiempo de calidad con nuestros hijos, lograremos un óptimo acercamiento con ellos y tendremos la posibilidad de detectar cualquier desajuste. En ese momento, quedamos angustiados y alterados, con más de un millón de preguntas en nuestro pensamiento que nos agobian. Además de ello, sentimos la imperante necesidad de encontrar una solución rápida cuando enfrentamos determinados problemas. A los efectos de lograrlo, debemos tener tranquilidad para analizar muy bien las cosas. Al calmarnos, seremos capaces de vislumbrar las alternativas de soluciones positivas y firmes que se despliegan ante nuestros ojos como un abanico. Finalmente, habremos desarrollado el equilibrio que se traducirá en estabilidad.

Es preciso que nuestros hijos adviertan la importancia que tienen para nosotros. A tales efectos debemos ser cariñosos con ellos al máximo, pero sin perder la objetividad. Engañarlos no es una opción, como tampoco lo es tratarlos de forma irónica o criticarlos. Es decir, no debemos subestimarlos ni mucho menos compararlos con nadie, muy especialmente con los hermanos, ya que cada uno tiene sus propios talentos y una personalidad única e irrepetible.

Debemos pasar el mayor tiempo posible con ellos, participar de todos sus pasatiempos y alegrías, conocer y valorar todo lo que ellos hacen, y celebrar sus éxitos y cualidades, sin dejar de elogiarlos, pero sin fomentar una vanidad mal orientada, porque el cometido es que se sientan comprendidos.

Si a todo ello le sumamos que educar es orientar, guiar y mostrar el camino, hagámoslo con mucho cuidado y meticulosidad, porque vamos a hacer por ellos lo que nos gustaría que hicieran o que hubieran hecho en su momento por nosotros. Asumiremos el rol de hijos frente a nuestros padres, sin que ello se traduzca en una protección excesiva que tranque su camino hacia convertirse en personas útiles y productivas.

Debemos recordar que la culpa transforma a las personas indefensas y carentes de reacciones adecuadas para encarar de frente la vida. Es por ello que no debemos conmiserarnos, menos aún frente a nuestros hijos, ante quienes jamás debemos mostrarnos como seres poseedores de una gran debilidad.

Nuestros hijos adoptan ante nosotros una actitud de víctimas cuando les negamos algo o cuando no pasamos un tiempo de calidad con ellos. Entendemos por papel de víctima a ser pobre, carecer de ayuda, ser incomprendidos y acusados sin presencia de justicia alguna. Por tal razón, debemos ser cuidadosos y no compensar a nuestros hijos de más por ese sentimiento de culpa, ya que ellos siempre verán en nosotros a los culpables de todo lo adverso que les suceda. Tengamos siempre presente que, cuando el chofer del camión no toma las precauciones necesarias y se va por una carretera federal, asumiendo todos los caminos y obstáculos, incluso siendo presa del peligro, en vez de ir por una autopista o una carretera de cuota, las consecuencias a pagar pueden ser demasiado caras.

Es preciso no pasar por alto que la asignación de recursos a nuestros hijos, llámese económicos o los destinados a cubrir sus necesidades de alimentación y objetos que le ayuden a vivir dignamente, no deben ser excesivos, sino acordes a las posibilidades familiares. Debemos asumir frente a ellos una actitud objetiva con respecto a la situación económica de la familia y ponderar la necesidad de lo que se solicita antes de decir sí, porque cuando nuestros hijos no advierten el sacrificio, no valoran de manera adecuada lo que se les brinda, ya que lo obtienen de manera fácil, sin que ello implique un mayor compromiso de su parte. Si les otorgamos bienes materiales sin concientizarlos acerca del costo monetario y del tiempo que es necesario trabajar para esto llegar a él, nunca lograremos que la dinámica se torne en un "toma y da," es decir, "te doy, pero me concedes el ser responsable dentro del seno de la familia," lo cual se traduce en comunicación efectiva.

Si no les entregamos calidad de tiempo a nuestros hijos, ellos adoptan de inmediato la posición de víctimas, lo que nos deja ante ellos como victimarios, y esto es un punto donde no debemos encontrarnos jamás, porque nuestros hijos estarían presos por pena de ellos mismos, por coraje, por odio, por amargura o por venganza, y es allí precisamente cuando se rompe el proceso de la comunicación efectiva y nuestros hijos buscan refugio en las adicciones y en las conductas inadecuadas, las cuales son, en su mayoría, constitutivas de la comisión de delitos o bien de la inclusión dentro de una tribu urbana o, en el peor de los casos, de la incursión en las adicciones para autodestruirse y castigarnos. Si dejamos que estas conductas desviadas de nuestros hijos avancen, podrían llegar a formar parte del crimen organizado.

Todo esto nos pone de frente a la problemática de la deserción escolar, de la violencia, del *bullying*, de la trata de personas, de la prostitución y del suicidio, solo por mencionar algunas de ellas. Sin embargo, si prestamos atención, nos percataremos de que el principal generador de todo esto es la absoluta ausencia de tiempo de calidad con nuestros hijos.

En conclusión, debemos asumir posiciones, contestar preguntas con claridad y objetividad, pero sobre todo llenas de verdad. En la convivencia con nuestros hijos no debemos ni siquiera darnos el permiso de decir las famosas mentiras piadosas, sino que hay que adoptar una postura sin miedo, porque debemos tener presente que el miedo es la ausencia del valor, y este último concepto es el que tiene que prevalecer en una constante en la comunicación con nuestros hijos.

No debemos omitir que tenemos ofrecer disculpas a nuestros hijos cuando nos hayamos equivocado. Tal vez en el momento ellos no lo comprendan y lo consideren un acto de debilidad de nuestra parte para con ellos, pero el tiempo ayudará a que lo asimilen en forma efectiva, siempre y cuando en el momento de ofrecerlas conozcan nuestro lado humilde e impregnado de ternura.

El resultado de las acciones antes señaladas es la estabilidad familiar a través del amor responsable, un verdadero amor que se traduce en exigente, pero solo para dar certeza a nuestros hijos de que los estamos guiando a feliz puerto en forma segura, asumiendo nuestro tramo de responsabilidad para con ellos, pero sin perder nuestra jerarquía a través de una comunicación efectiva y trabajando con ellos de forma conjunta, en el marco de un equipo colaborativo que logrará un equilibrio inquebrantable en la célula fundamental de la sociedad: la familia.

Capítulo final

Resultados y el amor responsable

Resultados del amor responsable como una constante en la familia

En este espacio es necesario establecer la necesidad de que, como ejes rectores de la familia, con la jerarquía con que nos encontramos posesionados ante nuestros hijos, analicemos todos y cada uno de los espacios que hemos leído en este libro, eslabonando cada uno de ellos para entender que nuestra tarea como padres de familia es difícil, pero no imposible. El amor responsable es el ingrediente más fino para lograr nuestro objetivo.

La educación y su crecimiento exitoso ante la sociedad que los vio nacer y desarrollarse con plenitud, deben tener una valoración alta y positiva para ellos, que son precisamente quienes se encuentran inmersos en ese contexto social y, por consiguiente, quienes se beneficiarán al prodigar y recibir empatía, producto de una educación exitosa, en y de su entorno social.

La tarea de educar a los hijos no recae en la escuela, sino que es meramente responsabilidad nuestra, la cual asumimos una vez que decidimos traer a nuestro hijo al mundo o, en su defecto, hacernos cargo de la crianza de ese niño que se ha quedado huérfano. Educar a un hijo implica la correcta y adecuada utilización de la jerarquía familiar que nos es concedida en calidad de padres. Un error gravísimo, pero desafortunadamente demasiado común, en el que solemos incurrir es en generar con nuestros hijos una relación de iguales. Si nuestros hijos nos ven como a sus amigos, no tardaremos en perder respeto y credibilidad ante sus ojos.

Debemos inculcar en ellos valores que los conviertan en mejores personas para la sociedad en la que viven. Es nuestra obligación ayudarlos a digerir, y a dirigir, la información que reciban tanto en la escuela como dentro de la familia, de la sociedad y de las redes sociales. Además de ello, recae sobre nuestros hombros la tarea de pasarla por el tamiz de la razón, de la coherencia y de la moral, para asegurarnos de que sea la información adecuada.

Le educación a nivel internacional, a través de sus planes y programas de estudio, aún no tiene un objetivo perfectamente estructurado, derivado de la interculturalidad. De modo que debemos reafirmar con nuestros hijos, el respeto a los usos y a las costumbres, y a la dignidad humana, enseñándoles la bandera de la no discriminación social y de la libertad de expresión fundamentada y encausada.

Debemos tener presente que el decir que sí o que no a nuestros hijos, no nos hace mejores ni peores padres, lo que sucede es que tenemos que aprender cómo y cuándo decirlo para no perder una comunicación positiva, impregnada de efectividad en las relaciones interpersonales dentro de la familia.

El amor responsable es el verdadero amor, el que nunca debe faltar en nuestro hogar. Ello nos llevara al plano de la estabilidad emocional y, como consecuencia, obtendremos la tan ansiada, y esquiva, felicidad.

Si nosotros enarbolamos el principio de la culpa, nos tornamos indefensos, tanto ante el juicio de nuestros hijos como del nuestro propio. De esta forma, careceremos de toda capacidad de reacción posible, lo que derivará en que nuestro mundo se vuelva robótico, totalmente plano, sin cambios, sin principios, sin la búsqueda de nuestra propia superación personal y, en consecuencia, de la de los demás.

Es menester señalar que el comportamiento de los padres afecta a los hijos y el comportamiento de los hijos afecta a los padres. Por esta razón, antes que nada, tenemos la responsabilidad de decir la verdad. Debemos aceptar lo que somos y lo que no podemos cambiar en nuestro entorno. Ello nos convierte en seres maravillosos, capaces de transmitir certeza y seguridad a nuestros hijos.

Debemos tener firmeza en la toma de decisiones. De nada sirve decir sí y luego virar hacia un no, o a la inversa. Recordemos que fuerte es quien es capaz de diagnosticar situaciones, de hacer elecciones claras y precisas, y de crear alternativas, imponiendo y defendiendo límites, respetando el derecho de los demás y asumiendo el propio con valor y dignidad.

Cultivemos el amor responsable aprendiendo a cooperar formando equipo con nuestros hijos en forma colaborativa, sin perder autoridad y jerarquía en nuestro rol de padres de familia. Cuando nos encontremos ante situaciones difíciles debemos relajarnos, ser fuertes y adueñarnos de nosotros mismos más que nunca. Recordemos que, si adoptamos las actitudes adecuadas, cambiamos la dirección del barco. Por consiguiente, queda establecido que la esencia de la familia descansa en la cooperación, no en la mera convivencia.

Tengamos siempre presente que el amor verdadero es ayudar a nuestros hijos a ser mejores personas, sin que medie entre ellos y nosotros el chantaje para obtener lo que desean, sino que aprendan que deben pedirnos las cosas responsablemente, sin recurrir a la vileza de la mentira para obtenerlas. Nosotros, por nuestra parte, somos responsables de no permitir que el sentimiento de culpa germine en nuestro interior, ya que eso sería la perdición para nuestros hijos y para nosotros en nuestro rol de padres y maestros de la vida, ya que sucumbiríamos a la tentación de concederles todo lo que nos solicitan, sin pensar que podríamos estar contribuyendo a su destrucción.

Como padres de familia, tenemos el deber de formar y de informar a nuestros hijos dentro de la familia, para lograr que se inserten en la sociedad en la cual se están desarrollando, ya que esta es su contexto social.

Habiendo establecido la constante del amor responsable, que se traduce en exigente por la conjunción amor-disciplina, lo cual deja a ambos al mismo nivel, recordemos que los principios de la integridad ética y moral son inmutables. Por consiguiente, no debemos permitir que las estructuras sociales y económicas flagelen a la familia, volviéndola vulnerable. Al contrario de ello, combatamos desde el centro del seno familiar, utilizando nuestra arma más potente: el amor responsable. Dado que debemos definir y fijar nuestro objetivo, formulemos nuestro plan de acción y ejecutémoslo.

Cuando establezcamos la exigencia y la disciplina, la postura que debemos adoptar es la de hacerles saber a nuestros hijos, mediante palabras y acciones, que los amamos, pero que no aceptamos o aquello que ellos hacen y que resulta injustificable e inaceptable. De esta forma, no solo estaremos haciendo valer nuestra jerarquía, sino que estaremos estableciendo acciones contundentes, plenamente justificadas, para actuar en consecuencia al respecto de lo que han hecho nuestros hijos y encausar el camino que han tomado. La otra opción es tomar otra directriz que, por obviedad, no es acorde a sus necesidades sociales, familiares y, lo más importante, a las propias.

Nuestros hijos deben asumir las consecuencias positivas o negativas que devengan de su toma de decisiones en caso de ser estas adversas a sus necesidades. Es por ello que el perfil que deben tener nuestros hijos en la escuela y fuera de ella es el de alumnos críticos, analíticos, participativos y forjadores de su propio destino o realidad. Para ello contarán con un pleno fortalecimiento en su toma de decisiones. Al seguir este camino, nos estamos dirigiendo a la plenitud que solo el equilibrio emocional nos puede proporcionar.

En conclusión, como padres no debemos abandonar los castigos como tampoco debemos premiarlos sin justificación alguna. Nuestros hijos deben reconocer nuestro amor responsable, gracias al cual llenaremos de calidad, y no de cantidad, el tiempo que pasamos a su lado. Si estamos con ellos, es con ellos y para ellos, no con la radio, con la televisión, con el periódico, con la revista o con el celular aprovechando Internet y las "bienaventuradas" redes sociales. Debemos construir con nuestro ejemplo, en torno a ellos, un espacio de tranquilidad. Es decir, de equilibrio emocional, a través de una comunicación asertiva y efectiva para lograr la felicidad plena en forma conjunta dentro de la familia. Es fundamental que tengamos presente que ello se advierte en el entorno social de manera inmediata y contundente.

El título de nuestro libro es *Mi hijo y el amor responsable*, diseñado en primera persona, con el firme deseo de que, al leerlo, cada uno de ustedes perciba a sus hijos con el pensamiento, que se anticipe a sus problemas, que capte su entorno y que, junto a ellos, cree la expectativa que los conduzca a solucionarlos.

Por ello, si la constante y el eje rector de la familia es el amor responsable, estamos frente a la acción más importante que debemos establecer ante nuestros hijos para que, como resultado, logremos la felicidad, que será la estabilidad del grupo familiar, y el premio será que ellos se convertirán en hombres y mujeres de éxito, dotados de una gran credibilidad hacia la célula fundamental de la sociedad: la familia.

"Si un día tienes que elegir entre el mundo y el amor, recuerda: si eliges el mundo, perderás el amor… pero si eliges el amor, con él conquistarás el mundo."

(Antoine de Saint Exupéry)

Agradecimientos

A quienes me apoyaron para convertir mi sueño en realidad.:

Francisco Navarro Lara *gracias por haber sido guía fundamental en el proceso de elaboración de mi libro, con esa paciencia y calidad humana que te caracteriza, llenándome de energía y motivación para llegar a la meta, a través del Amor Responsable.*

Dr. José L. Álvarez Montero *por haber redactado tan inmerecido prologo en donde resaltas mis cualidades personales y profesionales, describiendo perfectamente mi compromiso ante los niños y jóvenes que han demandado siempre mi atención, misma que he tenido para sus padres en mi calidad de mujer, madre y profesionista, muchas gracias amigo.*

A la memoria de mi madre **Elia Moctezuma Oliva** *como símbolo de abnegación y de justicia, gracias por tu inmenso amor.*

A la memoria de mi padre **Diego Barradas Anchondo**, *por haberme amado tanto e inculcarme la pasión desbordada por las letras y el arte de la palabra, mil gracias.*

A la memoria de mi abuelo **Heriberto Barradas del Moral** *quien me enseñó a través del Amor Responsable el camino de mi equilibrio emocional y hacer de mí una mujer de éxito, infinitas gracias.*

Miriam y Mayra Barradas Moctezuma, *gracias por su invaluable apoyo en el trayecto de mi vida y las aportaciones en forma directa o indirecta que me han inspirado para la realización de este proyecto.*

Eréndira y María Isabel Barradas Moctezuma, *agradezco el apoyo que de manera incondicional he tenido de parte de ustedes a lo largo de mi vida.*

MVZ Pedro Taboada Nava *por su invaluable aportación de ideas en la realización de mi libro Mi Hijo y el Amor Responsable, gracias por ayudarme a hacer realidad mi sueño.*

Erasto e Irasema Ceballos Barradas *gracias por contribuir con su invaluable aportación de ideas a la realización de este proyecto.*

Dr. Manlio Arturo Mattiello Canales, *rector de la Universidad de las Naciones por contribuir con sus valiosas aportaciones a* la realización de este sueño hecho realidad Mi Hijo y El Amor Responsable, muchas gracias.

Psicóloga Yesuandy N. Flores Tlaxcalteco por apoyarme con sus valiosos conocimientos en la estructura de este libro, infinitas gracias.

Lic. Fernando Mendoza Sánchez, gracias por sus valiosas aportaciones en esta obra.

Lic. Julio Muñoz Díaz, infinitas gracias maestro y amigo por enseñarme el valor de las letras y el arte de la palabra, así como el maravilloso prologo.

Félix Castillo López porque a ti y a mí nos une una amistad tan grande, tan grande, que nada ni nadie podrá destruir gracias por estar en este proyecto a mi lado y en todos los que he emprendido en este trayecto de mi vida.

Psicóloga, Escritora y correctora de estilo **Lorena Tercon Arbiza** por su invaluable apoyo en la corrección de estilo de esta obra, mil gracias.

Daisy Rubio Zapata experta en Diseño y Multimedia, gracias por la maravillosa portada que realizaste para este libro ya que en ella encierras al Amor Responsable.

__We Stay Studio__, gracias por su invaluable diseño del thriller de Amor Responsable.

__Gracias, Gracias, Gracias__ a todos los padres de familia que al igual que yo buscan una solución a los diversos problemas que se les presentan en la familia derivados de la conducta de sus hijos y que han sido una gran motivación para compartir con el mundo entero que el Amor Responsable es un amor verdadero y exigente que debe convertirse en una constante y en el eje rector de la familia.

mariodie87@hotmail.com